Las Leyes de Op

Colección Pantor, No.3

Las Leyes de Op

Y otros escritos

Grupo Pantor

Iruñea-Pamplona
2016

Colección Pantor No. 3

Pantor
Edificio La Estrella
Berroa 4, Of. 510 Bulegoa
31192 Taxoare-Tajonar, NA
M +34 619 007 653
M +34 670 257 611

Primera edición. Segunda impresión.
ISBN-13 primera edición: 978-1519395108
ISBN-10: 1519395108

Impreso en Estados Unidos
Edición y diseño de cubierta © 2016 Pantor

Un optimista es alguien que va tras Moby Dick en un bote de remos y se lleva la salsa tártara con él

Anónimo

Índice

Qué es Optitud

Sin ser una emoción, un sentimiento, una sensación o un sentido, el optimismo es una actitud o un estado de ánimo, que induce a la persona a esforzarse por vivir y juzgar las cosas considerando su aspecto más favorable con intención de mejorar.

Las emociones son reacciones a estímulos externos que nos informan sobre nuestras relaciones con otras personas o sobre sucesos que afectan a nuestra vida. Las emociones son las herramientas de que disponemos para valorar estas situaciones y establecer nuestra posición con respecto a nuestro entorno, acercándonos hacia ciertas personas, objetos, acciones o ideas y alejándonos de otras. El amor, el odio, la ira, la alegría, la tristeza, la vergüenza, el miedo, la grima o la sorpresa son algunas de las emociones que el ser humano es capaz de sentir y expresar. Todas éstas son cualidades universales que los seres humanos sienten y expresan de forma más o menos uniforme, independientemente de su formación, cultura o identidad.

Las emociones, los estímulos emocionales adecuadamente sostenidos en el tiempo, generan sentimientos que subsisten en el ser humano a lo largo del tiempo como por ejemplo, el rencor o el afecto hacia otras personas. Así como las emociones son reacciones más o menos efímeras, los sentimientos poseen mayor estabilidad y permanecen en nuestro universo psicológico ayudando a conformar nuestra personalidad individual.

A diferencia de las emociones, que se experimentan de forma más o menos universal, los cocteles emocionales varían de persona a persona. Por lo mismo, los trastornos sentimentales pueden provocar desequilibrios emocionales y perturbaciones en el carácter, tales como la depresión.

Las actitudes o estados de ánimo por el contrario son estímulos ante la acción, herramientas que posibilitan y auxilian al ser humano cuando ha de tomar una decisión particular. Las actitudes o estados de ánimo son situaciones emocionales perdurables, formas de estar o de reaccionar, ante la realidad, que afectan al resto del universo psíquico de la persona.

¿Qué es Optitud?

A diferencia de las emociones, que se activan ante un determinado estímulo o evento, los estados de ánimo son actitudes más constantes y por lo tanto menos intensas que las emociones, por lo que se sienten y se expresan de forma menos patente, si bien son más duraderos.

Los estados de ánimo, como los sentimientos, condicionan la personalidad. Así, por ejemplo, el optimista es por lo general voluntarioso ya que el optimismo catapulta la acción e impulsa al individuo a acometer retos con más facilidad que a aquellas personas que carecen de esta disposición de ánimo. Dependiendo del grado de optimismo de una persona, ser optimista y ocioso a un mismo tiempo puede llegar a ser inconsistente.

En 2010 celebramos en la mesa de cristal de Gorraitz el 300 aniversario de la invención de la palabra "optimismo" y decidimos crear un nuevo término que conectara tres conceptos: el estado de ánimo optimista, la voluntad y la capacidad de generar amistad. Así surgió el término Optitud que encierra una filosofía de vida. El optimismo es dinámico y proactivo, y adquiere todo su significado en la acción por lo que Optitud es la fusión de dos palabras clave del desarrollo de la personalidad, de una parte se compone del término optimismo y de otra de la palabra actitud, la cual esta intrínsecamente relacionada con la voluntad de acción, de tomar decisiones y vivir proactivamente en el bioespacio de la solidaridad humana, el amor y la amistad.

Tres son los ingredientes necesarios y fundamentales de una definición de Optitud: ilusión, trabajo e imaginación. Una disposición de ánimo repleta de optitud consiste en estar colmado de ilusión (entusiasmo, ánimo, dinamismo, positivismo, iniciativa, aliento, esperanza, euforia, alegría, jovialidad, humor...), estar dispuesto a trabajar y luchar por ello (voluntad, aplicación, laboriosidad, diligencia, actividad, celo, esfuerzo, dedicación, tenacidad...) y poseer grandes dosis de imaginación (ingenio, creatividad, fantasía, intuición, clarividencia, agudeza...).

El término "mejorar" incluye las tres personas verbales, en singular y en plural, de modo que entraña sociabilidad, y es por ello que la amistad es uno de los carburantes de la Optitud, un ingrediente fundamental para el desarrollo de una vida plena y uno de las mejores recetas para fabricar un futuro mejor. También lo es el amor. Estos dos constitutivos forman parte necesariamente de una definición de optitud.

La optitud bebe del manantial de la amistad. Recogiendo los pensamientos vertidos en la edición de Optitud de 2012, reivindicamos aquí de nuevo que la amistad es uno de los grandes tesoros de la humanidad, un barril de pólvora, la batería de optimismo. Es una actitud orgánica, la base biológica de la cooperación, el fundamento de la confianza y de la certeza, motor de la persuasión, pilar de la infalibilidad, testimonio de la credulidad y de la confianza: una catapulta. La pólvora que nutre el cañón de la voluntad. La amistad y el amor son una de las muy pocas necesidades del optimismo. Es difícil curtirse en el campo del optimismo sin saber degustar la amistad y el amor, que es un tipo muy particular de amistad, de afecto, apego, devoción y solidaridad. El optimista es un estratega del trato, de la hermandad y de la intimidad. Porque el optimista necesita vivir intensamente todas las facetas de la vida.

Optimismo y amistad son categorías humanas indeleblemente integradas

La optitud es responsable, una decisión que exige madurez, esfuerzo y audacia, ya que es una actitud sustentada en la libertad de ánimo -basada en una opción personal- y proyectada hacia el exterior con el fin de alcanzar un más avanzado estado de civilización y una óptima calidad de vida para todos los seres humanos.

El optimismo es una herramienta sumamente útil porque desconoce límites pero a menudo es afectada por la experiencia, por nuestro estado de salud o por nuestra forma de ser. Asimismo, la Optitud es una disposición orgánica que evoluciona con la edad (desplegándose o replegándose) y varía según el estado de ánimo. La infancia rebosa optimismo pero la experiencia puede en ocasiones afectar el caudal de optimismo y la capacidad de optitud de la persona, limitando el horizonte de expectativas, el tonelaje potencial de felicidad e, incluso, afectando seriamente la salud.

¿Qué es Optitud?

Es preciso cuidarla, potenciarla y aún más importante procurar contener el grado de pesimismo (carencia de optimismo) que se genera a lo largo del discurso de la vida.

Nuestra actitud ante las circunstancias es lo que marca la diferencia entre el triunfo y el fracaso, si bien, en palabras de Kipling, hay que saber tratar a ambos farsantes de la misma manera. La optitud es el brazo que nos catapulta para actuar desde una perspectiva favorable. Moviliza dinámicamente nuestros mejores recursos para salir de la adversidad.

La optitud es una actitud de vida, una respuesta proactiva. La herramienta que permite materializar nuestros sueños y concretar nuestras ilusiones en todos los ámbitos de la vida

Este libro es el producto de un largo proceso de maceración y fermentación, el resultado de una larga serie de conversaciones que a partir de 2006 los cuatro miembros del Grupo Pantor hemos mantenido en torno a la mesa de cristal de la baranda del Spa en Gorraitz. Pero el último borrador de este libro fue escrito muy lejos de allí, durante el viaje de 8 horas en el camino de Boise (Idaho) a Reno

(Nevada), en el contexto de una fenomenal tormenta de nieve seca que nos obligó a rodar a 40 km por hora, a 1.600 metros de altura y casi 15 grados bajo cero. Finalmente, fue transcrito en Cold Springs Valley, Nevada, en noviembre de 2015.

Pero la historia de un libro tan sólo tiene comienzo y desconoce finales, por lo que seguirá reescribiéndose y repensándose durante años.

Este libro tiene cinco apartados: el decálogo de Op, las leyes de Op, los axiomas de Op, los pensamientos de Op y las preguntas de Op. Constituye un esfuerzo por esculpir el cuerpo de la Optitud y dar a conocer los principios en los que descansa una vida basada en una actitud optimista.

El primer apartado recoge el que probablemente es el primer catálogo del optimismo, redactado en junio de 1922 en Kansas City. Es en esencia una guía para construir las bases del optimismo en nosotros mismos y sirve de introducción al resto del libro.

El segundo apartado, las leyes de Op, es un conjunto de principios sobre el optimismo en general y la optitud en particular. En el mismo se recogen máximas universales de aplicación a diversos aspectos de la vida de la persona, tanto privada como pública, en los ámbitos biológico, social, cultural, económico y político.

La primera de las leyes de Op merece una reflexión. El optimismo es una cualidad y la optitud es una actitud, una determinación proactiva. Pero, más allá de ser una actitud humana, la Optitud es un requisito fundamental de la vida y una cualidad física elemental del universo. Porque, ¿Qué impulsa a un diente de león a diseñar unas semillas que duermen en espera de que el viento las lance a un lugar mejor? ¿Cómo hemos llegado a una infinita variedad de modos de vida dependientes del agua en un mundo en el que únicamente el 3% del agua es dulce?

Todo lo que es elemental y fundamental en el universo está gobernado por un impulso optimista. Una de las unidades básicas de la materia, el átomo, está compuesto en un 99,99% de vacío. En un universo observable donde las galaxias colisionan las unas contra las otras originando colosales explosiones y jalonado por agujeros negros y repleto de antigalaxias, antiestrellas e incluso antiuniversos, en el seno del cual cada día se crean y se destruyen 275 millones de estrellas, la vida se ha originado a partir de materia inerte en un planeta redondo sustentado en el vacío, que gira sobre sí mismo a una velocidad de 1.600 km/h y se traslada alrededor del sol a 108.000 km/h, cuya superficie -flotando sobre un manto de fuego- se haya cubierta en un 70% de agua salada, protegida de las tormentas solares únicamente por una atmósfera compuesta de gases, de apenas 190.000 km de espesor, que pesa aproximadamente $5,2 \times 10^{19}$ Newtons (un 5 con 19 ceros detrás), en el interior de la cual se generan un promedio de 96 millones de rayos al día con vientos de hasta 400 km/h. Pero cuando el formidable vendaval de partículas cargadas proyectadas por los temibles rayos solares impacta con el campo magnético de la tierra, genera fenomenales auroras boreales.

El optimismo rige el mundo
Es una cualidad física de la existencia

Vivimos en un universo en el que los rayos del sol tan sólo tardan 500 segundos en recorrer 150 millones de kilómetros y una semilla de 3 milímetros se transforma en un

¿Qué es Optitud?

Sequoiadendron de más de 100 metros de alto, 10 metros de diámetro y 30 metros de perímetro, que puede llegar a vivir 2.000 años. Un universo visible lleno de posibilidades en el cual nuestro sistema solar tarda 230 millones de años en completar una sola órbita alrededor de la Vía Láctea. ¿Cuáles son las posibilidades de un universo que contiene entre 200-400 billones de estrellas y alrededor de 100.000 millones de planetas tan sólo en la Vía Láctea? ¿Qué significa la palabra "imposible" en un universo que contiene cientos de miles de millones de años?

En su conjunto las leyes de Op son las máximas fundamentales de la Optitud.

Una actitud optimista es siempre inconformista y proactiva, de forma que la generación de un espíritu crítico y rebelde en la personalidad es una de las características más propias de la Optitud. El apartado titulado axiomas de Op recoge la parte rebelde y crítica del optimismo al poner en tela de juicio algunas de las normas más básicas de la lógica, las matemáticas, la física y otras ciencias humanas. Más que fórmulas los 20 axiomas de Op son dudas y preguntas que permanecen en gran medida aún sin contestar. Porque, como especie, somos aún demasiado jóvenes para saber explicar el mundo, vivimos sin tener respuesta a algunas de las preguntas más básicas de la existencia como ¿qué es la materia? ¿qué es la energía? ¿qué es el tiempo? ¿qué es el espacio? y ¿qué es la vida?

Nuestro cerebro es aún muy joven
Necesitamos saber más
y
siempre sabremos más

Los pensamientos de Op constituyen el apartado más extenso de este libro. Se trata de una industriosa y caótica colección de meditaciones, proverbios, aforismos, adagios, principios y apotegmas originales que hemos ido reuniendo al cabo de siete años de discusión en torno a una mesa de cristal. Básicamente polvo de estrellas sobre el que generar nuevos trabajos, chispas para activar el fuego.

Las preguntas de Op son 10 cuestiones para terminar, una sobremesa, una excusa ideal para hacer pensar al lector en torno al optimismo y la optitud desde una perspectiva más amplia que la del individuo.

¿Qué es Optitud?

Se ha escrito que el optimista ve el vaso medio lleno mientras que el pesimista lo ve medio vacío. Muchos han llegado a la conclusión que tan sólo el realista sabe a ciencia cierta cuál es la proporción exacta de líquido en el vaso. Sin embargo la diferencia de actitud radica antes en la disposición que en la observación: el optimista sabe que el vaso está lleno de líquido en un 50%, pero a diferencia del pesimista y del realista, sabe que cuando el vaso se vacía de líquido se llena de aire, es decir, que siempre está lleno. Más aún, el optimista está pensando en cómo rellenar el 50% de líquido porque su actitud es dinámica, proactiva, enfrentada a y crítica con una visión meramente estática o descriptiva del universo.

Sé como el optimista y llena el vaso de tu día, o mejor aún, llena la jarra de tu existencia con experiencias vitales todos los días; y aún te quedará el barril de la vida por colmar. Trabaja por ello porque vivir merece la pena.

Tal como dijo Pablo Neruda "confiesa que has vivido"

Una nota para David y las Musas de Op antes de empezar a escribir. Científicos de las universidades de Manchester y Kent utilizando el telescopio James Clerk Maxwell con espejo parabólico de 50 pies de diámetro y colocado en la cima del volcán Mauna Kea de Hawai, han detectado que a unos 10.000 años luz de distancia, en la constelación de Aquila, hay una nube de alcohol llamada G34.3, con un diámetro 1.000 veces más grande que nuestro sistema solar. Se podrían preparar hasta 400 septillones (400 seguido de 24 ceros) de bebidas con la cantidad de alcohol etílico presente en esta nube. Mucho más cerca, en la región Sagitario B2, cerca del centro de nuestra galaxia, una investigación del Instituto Max Plank ha encontrado una segunda nube, a tan sólo 150 años luz, que huele a frambuesas y sabe a ron.

La NASA ha avistado un cartel en el que se lee
"precisamos coctelero y siete musas"

Por último, el lector notará que una palabra y todos sus sinónimos están ausentes en este libro.

OpOpOpOpOpOp
OpOpOpOpOpOp
OpOpOpOpOpOp
OpOpOpOpOpOp
OpOpOpOpOpOp
OpOpOpOpOpOp
OpOpOpOpOpOp

La matriz Optitud

Decálogo de Op

En la Cuarta Convención Anual de Optimist International (OI) celebrada en junio de 1922 en Kansas City, Missouri, la asamblea adoptó un código de vida que había sido publicado en la revista de dicha asociación el mes de diciembre anterior bajo el título "Prométete a ti mismo". El texto que reproducimos aquí dice así:

Prométete a ti mismo:

1. Que serás tan fuerte que nada podrá perturbar tu tranquilidad.
2. Que hablarás de salud, felicidad y prosperidad con cada persona que conozcas.
3. Que harás sentir a todos tus amigos que son portadores de un gran potencial.
4. Que verás el lado radiante de todas las cosas y que harás que tu optimismo se haga realidad.
5. Que pensarás sólo en lo mejor, que trabajarás sólo por lo mejor y que esperarás sólo lo mejor.
6. Que serás tan entusiasta con respecto al éxito de los demás como lo eres respecto del tuyo propio.
7. Que olvidarás los errores del pasado y que seguirás adelante en pro de mayores logros de cara al futuro.

8.   Que portarás un semblante alegre en todo momento y que ofrecerás a cada ser viviente una sonrisa.

9.   Que dedicarás tanto tiempo a mejorarte a ti mismo que carecerás de tiempo para criticar a otros.

10.   Que serás demasiado grande como para preocuparte, demasiado noble como para irritarte, demasiado fuerte como para estremecerte y demasiado feliz como para permitir la presencia de problemas.

El credo fue escrito por Christian D. Larson (1874-1954), hijo de inmigrantes noruegos afincados en una granja cerca de Forest City, Iowa.

Cuando preguntaron a Larson por qué había escrito dicho código de vida, éste respondió que era simplemente el producto de una mente animada continuamente por un profundo deseo de escribir algo útil para los demás.

Las Leyes de Op

1

El optimismo rige el mundo

2

La Optitud es un requisito fundamental de la vida y una cualidad física elemental del universo

3

Hay un más allá a la hipersuperficie frontera del espacio-tiempo llamada "horizonte de sucesos"

4

Corolario 1.

Las posibilidades de un universo físico finito son ilimitadas

5

La meta está siempre más allá:

Es una línea imaginaria

6

Todo es posible.
Tan sólo es preciso aprender

7

Corolario 1.

Imposible es todo aquello que desconocemos

8

La Optitud
es
uno de los pilares
de la felicidad

9

La Optitud
es una composición organizada de
cualidades: Imaginación,
curiosidad, inspiración, confianza,
orgullo, inteligencia, voluntariedad,
ímpetu, coraje, ánimo de
superación, adaptabilidad y
alegría

10

Ley del mínimo de Liebig:
La unidad mínima de cada una de
las cualidades
de la Optitud
limita
la capacidad de optitud
de
la persona

11

El nivel psicológico de optitud
requiere un flujo constante de
energía
de modo que
asciende o desciende
en proporción directa
a la capacidad de rendimiento
psíquico y físico

12

Ley de optimización.

El optimismo es un potencial:
Cuanto mayor es la fuente más
grandes son las posibilidades,
independientemente del nivel de
rendimiento

13

Corolario 1.

La aplicabilidad matemática de la optimización radica en la selección del elemento más idóneo (en virtud de algún criterio) de un conjunto de elementos disponibles

14

La antítesis de la optitud es la angustia, desinterés, indiferencia, desaliento, disidencia, comedimiento, oscurantismo, pasividad, apatía, postración, abatimiento, inmovilidad y melancolía

15

La vida son momentos:

Constrúyelos

16

El pesimismo se aprende

17

Corolario 1.

El pesimismo es contagioso

18

Principio de incertidumbre:

El recelo, la desconfianza y el miedo al cambio generan pesimismo e inactividad

19

El nivel de optimismo tiene gradación: El optimista alfa vive en un universo de infinita potencialidad

20

Corolario 1.

El pesimismo es el producto de la negación del optimismo

21

La pérdida de optimismo tiene cura

22

Ley de la aleatoriedad:

La intervención del azar impide que el resultado de un suceso se pueda determinar antes de que se produzca

23

Corolario 1.

El futuro consta de infinitas posibilidades y es fundamentalmente imprevisible, por lo que el realismo es improbable y el pesimismo carece de sentido

24

Corolario 2.

El caos es productivo y el orden es una ilusión

25

Corolario 3.

Todas las cosas sin sentido
merecen ser exploradas

26

Ley de inercia.

Una mente pesimista mantendrá su estado de inactividad hasta que sea obligada a cambiar de actitud por una mente optimista

27

Ley de cantidad de movimiento.

La capacidad de cambio
adquirida es proporcional a la
fuerza de optimismo neta aplicada

28

La ley de acción y reacción.

Para generar un cambio, a toda acción pesimista se le debe oponer una reacción optimista igual o mayor

29

El nivel de rigidez mental es inversamente proporcional a la capacidad de transformar el mundo

30

Más vale poco y mucho que mucho y poco

31

Retrocede siempre por un nuevo
camino

32

Ley de optimización social: La democracia basada en el principio de igualdad y en el respeto integral de los derechos humanos es la forma más optimista de gobernar y el camino más corto hacia la perfección social

33

Corolario 1.

El principio de igualdad se fundamenta en el hecho de que todo ser humano tiene infinita potencialidad

34

Corolario 2.

Todo ser humano es un regalo
para otro ser humano

35

Corolario 3.

La democracia es a la política lo que el cooperativismo es a la economía

36

Corolario 4.

Tanto en una sociedad como en una compañía, el principio de igualdad es inmensamente más eficaz e infinitamente más rentable que la jerarquía de una cadena de mando

37

La formación y la cultura alimentan el optimismo

38

Corolario 1.

La cultura es el fundamento del progreso social y político, pero también del económico

39

Corolario 2.

La paz y el progreso se construyen sobre la compresión, el respeto y la educación

40

Corolario 3.

La hostilidad, la injusticia y la opresión terminan por desvanecerse, pero se regeneran

41

Corolario 4.

Nada se construye destruyendo: la guerra es improductiva e ineficaz

42

Corolario 5.

Pretender ganar una guerra es una pasión estéril; la única victoria radica en conquistar la paz

43

El inconformismo es el futuro del cambio: invierte en él

44

La suma de los opuestos es aditiva

45

La Optitud reduce la entropía y, en consecuencia, aumenta la distribución aleatoria de un sistema, elevando al máximo las posibilidades del mismo

46

Corolario 1.

Si mejorar fuera impracticable se
habría alcanzado el grado máximo
de entropía, la muerte imposible
del universo

47

Cuando un pensamiento es pesimista o represor, es preciso dinamitarlo y construir otro sobre sus ruinas

48

Las palabras "nunca" e "imposible" se hacen cada día más pequeñas y algún día desaparecerán

49

La lógica es la mayor de las prisiones humanas y la gramática el corsé de las ideas

50

Hay algo más más allá del infinito y algo más más allá del más allá del infinito

51

Ley de la agenda dinámica:

Si en lugar de una sola se fijan múltiples metas, al menos una de éstas será más accesible que las demás

52

Corolario 1.

Si estas metas son flexibles, todas ellas serán más accesibles

53

Fluye,
y avanzarás sin tropezar

54

Cuando tengas que elegir entre dos operaciones matemáticas, eleva siempre a la potencia

55

Un inmenso grado de capacidad de sorpresa y de satisfacción es proporcional a un grado alto de rentabilidad y de efectividad

56

Vive de modo que al morir puedas decir: "En la vida he hecho daño a nadie"

Axiomas de Op

1

Ley de identidad de la contradicción:

Algo que es lo que es puede a un mismo tiempo ser otra cosa

2

Corolario 1.

Ley de contradicción. En virtud del principio de la verdad múltiple una proposición verdadera se puede llegar a contradecir a sí misma o es posible afirmar lo mismo que se niega a un mismo tiempo

3

Corolario 2.

Una idea intercambiable genera un proceso de raciocinio más diverso y dinámico: dos juicios contradictorios pueden ser verdaderos y falsos a un mismo tiempo

4

Corolario 3.

Toda idea carece de una única
fundamentación por lo que otras
alternativas son asimismo posibles

5

Existen infinitos números enteros entre dos números enteros consecutivos

6

Es posible dividir ambos lados de toda ecuación de igualdad por cero sin alterar la relación

7

La suma de dos números puede dar más de un resultado

8

Un punto puede ocupar dos
posiciones distintas en un mismo
plano

9

Una línea recta puede llegar a ser la distancia más breve entre dos puntos pero existen muchas otras posibilidades

10

Dos líneas perpendiculares se cruzan en más de un punto

11

La parte puede ser mayor que el todo

12

Existen varios infinitos en un mismo espacio

13

Un espacio vacío incluye un número indeterminado de espacios infinitos

14

El segundo cero del universo es un punto de inflexión

15

El tiempo es materia

16

El estado de nivel mínimo de energía es un nuevo principio de la materia

17

La vida sin agua es posible

18

La materia inerte y la materia viva forman parte de una misma esencia y son sustancialmente iguales

19

Existe un lenguaje con diez
categorías gramaticales

20

Estos axiomas serán evidentes
cuando el cerebro humano sea
libre

Pensamientos de Op

El optimismo es la catapulta de la acción

Cree en ti mismo:

hazlo
por los demás

Para ser optimista hay que sentirse
bien

Como la levadura,
el optimismo
potencia el deseo y amplifica ese
dulce llamado placer

Sentirse bien consigo mismo
es la mejor forma
de ser un buen amigo, y una
buena persona

El optimista es
un héroe

La cantidad de formas de ser optimista son infinitas; un optimista siempre es distinto a otro

¿Qué hay de malo en soñar con lo mejor,
creer en lo mejor, procurar lo mejor, trabajar por lo mejor y opinar que lo mejor es universal?
(independientemente de qué signifique "lo mejor")

Un mundo sin límites es posible y existe;
tan sólo hay que encontrarlo

Suma y multiplica,
y luego elévalo todo a la enésima
potencia;
y aun así
tu imaginación difícilmente
alcanzará a la realidad

La optitud
es incolora
porque
es más
que una
ilusión

Sé optimista

sin mirar a quién

El optimismo es una virtud
generosa y exógena:

Cuando la detenta una sola
persona la disfrutan cuantas la
rodean

La amistad y el amor (que son dos formas de empatía)
son el mayor de los combustibles del optimismo:

Es muy difícil ser optimista sin ser un buen amigo y un gran amante

Los mayores capitales de la
ciencia son
el espíritu cooperativo,
la imaginación,
la voluntad
y el optimismo

La amistad es una de las pocas condiciones del optimismo, un elemento indispensable de la ecuación de la Optitud: la amistad es básicamente el factor que determina la potencia del flujo vital

El pesimismo es
la mayor
de las
anclas

En caso de duda,
pisa el acelerador

Escribe sin borrar,
sueña sin tachar,
opina sin revocar,
avanza sin restar,
vive sin descoser,
y morirás sin caducar

En un universo curvo
siempre hay
más
de un
   destino posible

Piensa: "es posible que haya un límite"
pero es un punto tan pequeño que es imperceptible, insignificante y despreciable

El optimismo es muy exigente:

Reclama todo nuestro esfuerzo,
exhorta toda nuestra imaginación,
reivindica toda nuestra
capacidad,
ordena todas nuestras emociones,
precisa de todas nuestras fuerzas,
y demanda todo nuestro trabajo

"Siempre" es el mejor antídoto de "nunca"

La gimnasia mental
es el combustible
del progreso

La inteligencia es la planta de reciclaje que convierte en posible lo imposible

"Sí" es el más provechoso de los
adverbios
y "puedo"
el más fértil
de los verbos

Tan sólo hay dos letras de distancia entre
lo posible y lo imposible

El hielo arde
en Gliese 436b,
un exoplaneta
situado a 33 años luz

La respuesta más proactiva es
siempre la más perfecta

La Optitud es el despliegue
inteligente del instinto de
supervivencia

El optimista siempre está
satisfecho,
por eso quiere mejorar

Un pesimista observará que la levadura es "un hongo unicelular que produce enzimas capaces de provocar la descomposición por fermentación alcohólica de los hidratos de carbono"

Un optimista lo sabe, y además le sienta bien

El fracaso es
un paso
hacia el éxito

El pesimismo es
miopía
psíquica

Cuando al optimista le golpea la
fortuna se encuentra con el
pesimista en el suelo,
por eso se levanta

El optimista a menudo tropieza y
cae, pero rueda;
el pesimista cae sin tropezar

Fluye como los peces y las aves,
pero aprende a tropezar

*Optimists are like snowballs,
the farther they run downhill
the bigger they get*

Siempre hay
un motivo más
para sufrir
en el universo
pesimista

¿Quién quiere
30 días en febrero
pudiendo disfrutar
de 32 en junio?

La belleza es una cualidad del objeto que depende de la capacidad del sujeto

El amor,
si es verdadero,
es optimista

¿Quién desea
sexo pesimista?

Alguien se equivocó cuando dijo
"el pesimista se queja del viento; el
optimista espera que cambie; el
realista ajusta las velas"
porque
el cambio del rumbo
del viento
es un estímulo
para la veleta

Además,
un optimista alfa
es incapaz
de
permanecer
inactivo

No esperes
a que se disipe
la tormenta,
aprovecha
el viento

Al pesimista y al realista:

Es físicamente imposible que el
vaso esté medio vacío
porque
cuando se vacía de líquido se
llena de aire,
y viceversa

Al realista:

Si logramos succionar todo el aire,
el vacío aplastará el vaso,
por lo que seguirá
siendo imposible
tener un vaso vacío

Al pesimista:

Pero siempre hay un vaso más que llenar...

Piensa el optimista:

"Hay muchas formas de hacer una
cosa
y por lo general
todas ellas constituyen diferentes
formas de fracasar
o de lo contrario
sería imposible mejorar"

Optitud road drives you to a place called Everywhere

La agenda dinámica es un estado
puro
de fluidez,
una forma optimista
de organizar
el trabajo

La justicia es un acto de
reconciliación:
Perdón, fraternidad y compasión
frente al arrepentimiento

Perdonar es una forma básica de
ejercer optimismo

La disconformidad, el contraste y la argumentación son poderosas máquinas en la fábrica del progreso:

Hay mucha belleza en la dialéctica

La violencia es el candado del optimismo

Es muy posible ser feliz sin ser
optimista,
pero es muy difícil
sentir la felicidad
y casi imposible
llegar a entenderla
sin grandes dosis
de optimismo

Un optimista
con paciencia
es
dos veces
optimista

La semilla
de un diente de león duerme a la
espera de que el viento
la lance
a un lugar
mejor

El palo del pesimista es tan largo
que apenas
se puede ver
la
zanahoria naranja

Los ingredientes del coctel del
optimista son:
zanahoria y naranja (pero también
se le puede añadir remolacha y
una manzana
bien redonda)

El optimista es lo suficientemente prudente como para evitar que el fracaso lo derrumbe

El optimista avanza sin medir la
distancia en la carrera de la vida

Hay muchas formas de estar de acuerdo con un optimista ya que las posibilidades son infinitas; para contentar a un pesimista es preciso adaptarse a su única razón lo cual acrecentara su descontento e incrementara su inquietud

El optimismo siempre ha sido acusado de utópico pero el pesimismo ha sido a menudo considerado un crimen llamado "derrotismo"

Seguro que hay un mundo en el
que el maltrato del optimismo es
un crimen

Los 80 segundos que tarda el café
en calentarse
en el microondas
son eternos

Hay muchas formas de ser feliz,
y aún una más

La capacidad de sorpresa es el
aperitivo del descubrimiento

Unas miradas llegan más lejos que otras y algunas nacen más adentro que las demás

Busca el sol en una noche sin luna

En toda lágrima hay una gota de felicidad

Es importante
aprender a llorar
por algo

Como un campo de girasoles,
los seres humanos procuran seguir
la trayectoria de la felicidad.

Vive como uno de ellos, siempre
mirando
a la luz

Pregúntate si la vida necesita de
un libro de instrucciones
y actúa en consecuencia

Sonríe
antes de quedarte sin dientes

Siempre hay
una bombilla
en la lámpara
de la felicidad

Busca en el corazón del árbol

En la escuela se enseña a los alumnos a aprender obedeciendo, a aceptar dogmas impugnando el espíritu crítico, a hablar permaneciendo en silencio y a emprender el camino de la vida permaneciendo sentados en filas perfectamente geométricas

Hubo un tiempo
en que
"escuela"
significó
"ocio y tiempo libre"

Ante la duda,
dale al intermitente

If your heart is beating your happiness is growing

Ni la duda,
ni el miedo,
ni el fracaso
son tus mayores enemigos,
lo es la inacción

Evita tener enemigos porque ello
te convierte en uno de ellos,
pero si tienes que tenerlos,
elígelos tú

¿Mató la curiosidad al gato de Schrodinger?

Cuando mires hacia arriba
olvídate del suelo,
pero
cuando mires hacia abajo
acuérdate
del cielo

Si tienes prisa,
adelanta el reloj

No vistas las letras con la
ortografía,
déjalas que se desnuden

El odio carece de optimismo

Una hoja
siempre tiene
un árbol
del que sujetarse

Toda puesta de sol es un
amanecer

Las noches
son los conos
que genera
la luz
de las
estrellas

La oscuridad es ausencia de luz
La oscuridad permanece
inmóvil
La oscuridad es
vacua

Tres preguntas.

¿hay sombra delante de la luz?
Y
¿hay luz
tras la oscuridad?

¿Cómo se esconde la luz?

*At Optitud market
we buy your tears
and
smiles are on sale*

Aquel que dijo que "el pesimista ve el vaso medio vacío y el optimista lo ve medio lleno" omitió que el optimista ve en el vacío infinitas posibilidades de colmar el vaso

Un mundo perfecto es posible,
y también
infinitos mundos perfectos

$$X - X = 0$$

La infinitud anida en la sencillez

Soy optimista por naturaleza:
Procuro hacer felices a quienes
tengo cerca, y regalar instantes de
felicidad a los desconocidos

Dr. Optitud

Tener necesidades
nos hace aún
más perfectos

Si has sido acusado de
infantil,
Si has sido tachado de
soñador,
Si has sido calificado de
cándido,
y te han tildado de
inexperto,

No importa qué:
Eres un optimista

Siempre hay sitio para
uno más
en un abrazo

La amistad es el valor que confiere
de una manera muy poderosa
sentido a nuestras vidas

Es la biosfera idónea para la
creatividad

Leibniz compuso la palabra
"optimismo" por vez primera en su
obra *Théodicée* en 1710,
        pero el concepto es tan viejo
                como la humanidad

La creatividad es el
surf de las ideas

Los niños poseen sensores más
perceptivos con respecto al
pesimismo y al mal

Hereda de tus hijos
Y lega a tus padres

En un baño alguien escribió:

> *"To be is to do" —Socrates*
> *"To do is to be"— Sartre*
> *"Do be do be do"—Sinatra*

"Ser es siendo (aun dejando de ser)"—Pantor

10 Preguntas de Op

1. ¿Cuántos años hay que vivir para decirse "viejo"?
2. ¿Cuántos tipos de arroz has probado?
3. ¿Cuál es el lugar más lejano al que has viajado? Imagina dos puntos, uno cercano y otro lejano, y coloca una línea entre ellos, ¿cuánto mide?
4. ¿Cuántas veces es preciso doblar un folio en dos para alcanzar el límite del universo conocido?
5. ¿Cuántos cubos de agua hacen falta para apagar una estrella?
6. ¿Cabe la tierra en una bola de billar?

7. ¿Cuántas lunas tiene la tierra?
8. ¿Es posible que un día dure más que un año?
9. ¿Es posible que dos gotas de lluvia sean idénticas?
10. ¿Cuantas posiciones posibles tiene un calzoncillo?

Algunas de las respuestas posibles

1.   ¿Cuántos años hay que vivir para decirse "viejo"? Las sequoias pueden llegar a vivir 2.000 años. Los Bristlecone pines o "pinos longevos" viven hasta 50 siglos. Pero los árboles que se reproducen mediante un proceso de clonación pueden ser considerados mucho más longevos. Tal es el caso de la colonia de 47.000 álamos temblones del Bosque Nacional Fishlake en los Estados Unidos, cuya edad se estima en 800 siglos.

2.   ¿Cuántos tipos de arroz has probado? Hay más de 40.000 especies de arroz. Se considera que en la tierra cohabitan 8,7 millones de especies de vida, esto es, existen 8,7 millones de formas de adaptarse al medio.

3.   ¿Cuál es el lugar más lejano al que has viajado? Imagina dos puntos, uno cercano y otro lejano, y coloca una línea entre ellos, ¿cuánto mide? Es difícil denominar "lejos" a un punto terrestre en términos astronómicos. El vecino galáctico más cercano de la Vía Láctea es Andrómeda, una galaxia situada

a unos 2,5 millones de años luz de distancia (236 km y 17 ceros detrás). Si la pudiésemos ver a simple vista, con un diámetro de 140.000 años luz, sería seis veces más grande que la luna llena.

4.   ¿Cuántas veces es preciso doblar un folio (de 0,09 milímetros de espesor) en dos para alcanzar el límite del universo conocido? En principio es imposible doblar un papel por la mitad más de 8 veces pero en realidad mediante la aplicación de suficiente energía y contando con espacio suficiente se puede doblar tantas veces como se desee. Si el papel se dobla 7 veces, alcanzará aprox. 1 cm de ancho, aunque tendrá un diámetro de tamaño atómico. Si se dobla 103 veces, el grosor del papel alcanzará el límite del universo observable: 93 millones de años luz.

5.   ¿Cuántos cubos de agua hacen falta para apagar una estrella? El fuego producto de una combustión química se apaga con agua pero ninguna estrella se apagará con agua. Todo lo contrario, cualquier cantidad de agua vertida sobre un sol lo avivaría. La combustión del sol es producto de la fusión nuclear. Y nos calentará por millones de años.

6.   ¿Cabe la tierra en una bola de billar? Los agujeros negros se forman cuando una estrella muy grande colapsa y condensa toda su masa en un área conocida como el radio de Schwarzschild, proporcional a la masa del objeto. En otras palabras, una estrella como el sol, de 0.7 millones de kilómetros de radio, cabe en una esfera de 3 km de radio. La tierra cabría en una bola de 8,8897 milímetros de radio. Una bola de billar estándar tiene 30,75 mm de radio. En una bola de billar caben 41 bolas como la tierra, de 1.010 km3 de volumen cada una.

7.   ¿Cuántas lunas tiene la tierra? Tres. La luna propiamente dicha y dos asteroides llamados muy prosaicamente *3753 Cruithne* y *2002 AA29*. Pero sólo a la primera se le da el título de "luna". Aparte de estos tres satélites naturales se estima que hay entre 2.000 y 3.000 satélites artificiales y, más de 370.000 piezas de basura espacial de tamaño diverso orbitando en torno a la Tierra, viajando a velocidades de hasta 35,000 km/h.

8.   ¿Es posible que un día dure más que un año? Sí. Venus gira más rápidamente alrededor del sol que sobre su propio eje por lo que el año en Venus tiene 224.65 días

terrestres y el día en Venus tiene 243 días terrestres o 5.832 horas. Cuando se colonice Venus hará falta organizar un buen sindicato.

9. ¿Es posible que dos gotas de lluvia sean idénticas? Una gota de agua contiene aproximadamente 0,05 mililitros de agua o 1/20 ml. La densidad del agua es 1 gramo/ml lo que significa que una gota de lluvia tiene una masa de 50 miligramos a temperatura y presión ambiente. El agua es H_2O, que tiene una masa molecular de 18.015 g/mol, por lo que 50 mg de agua contienen 2.775 milimoles. De acuerdo con el número de Avogadro, un mol de cualquier compuesto contiene 6.022 x 1.023 moléculas, por lo que 2.775 mm de agua tiene 1,67 x 1021 moléculas de agua: 1.670.000.000.000.000.000.000 moléculas de agua en una gota de lluvia... La posibilidad de que todas estas partículas estén en la misma disposición a un mismo tiempo son prácticamente nulas o, dicho de otra manera, el universo es demasiado rico y proactivo como para generar dos esencias iguales. Vivimos en un mundo de infinitas posibilidades.

10.   ¿Cuantas posiciones posibles tiene un calzoncillo? El cálculo es en esencia una combinación de n posiciones singulares distintas combinables en grupos de r disposiciones. Todo calzoncillo tiene dos posiciones por cada una de las cuatro disposiciones básicas. La primera disposición básica es el giro horizontal o Gh, que admite dos posiciones. La segunda disposición es el giro vertical o Gv que admite otras dos posiciones. La tercera es el giro diagonal Gd o twist, consistente en retorcer una sola vez el calzoncillo de forma diagonal. La cuarta disposición es el doble giro diagonal o dGd, consistente en retorcer dos veces de forma diagonal el calzoncillo (con la perentoria pérdida de confort). n es el número de posiciones a partir del cual se forma la combinación que en este caso es 8 (n = dos posiciones por disposición = 8). r es el número de posiciones combinables para formar cada una de las posiciones posibles (r = combinación de dos o cuatro posiciones). Si combinamos tan sólo 2 de las posiciones a un mismo tiempo (n8,r2) las posiciones posibles son 28. Pero, sin pretender ser exhaustivos y sin agotar todas las posibilidades, si combinamos las cuatro posiciones (n8,r4) el número de posiciones posibles aumenta a 70.

Biblioteca de Op

Esta es nuestra bibliografía, simplemente una breve lista de libros que os recomiendo leer.

Csikszentmihalyi, Mihaly, *Fluir. Una psicología de la felicidad*, Kairós, Barcelona, 2008.

Fordyce, Michael, *Psychology of Happiness*, Cypress Lake Media Pub, Fort Meyers, 1993.

Frankl, Victor, *El hombre en busca de sentido*, Herder, Barcelona, 1991.

Goleman, Daniel, *Emociones destructivas. Cómo entenderlas y superarlas*, Kairós, Barcelona, 2003.

Goleman, Daniel, *Inteligencia emocional*, Kairós, Barcelona, 1996.

Hay, Louise, *The Power Is within You*, Hay House Inc., Los Angeles, 1991.

Hill, Napoleon; Stone, W. Clement, *La actitud mental positiva. Un camino hacia el éxito*, Knopf Doubleday Publishing Group, New York, 2013.

Irujo, Xabier, *Ética e instinto*, 601, Iruñea, 2010.

Irujo, Xabier (Ed.), *Tres cartas de Epicuro: Sobre la amistad, el placer y la felicidad*, Pantor, Iruñea, 2013.

Lazcoz, Iosu, *Optitud*, Pantor, Iruñea, 2012.

Lundin, Stephen C.; Christensen, John; Paul, Harry, *Fish*, Empresa Activa, Barcelona, 2001.

Punset, Eduardo, *El viaje al optimismo: Las claves del futuro*, Grupo Planeta, Madrid, 2011.

Rojas Marcos, Luis, *La fuerza del optimismo*, Aguilar, Barcelona, 2005.

Russell, Bertrand, *La conquista de la felicidad*, Debolsillo, Barcelona, 2009.

Saratxaga, Koldo, *Sentimientos, Pensamientos y realidades*, K2K Emocionando, Bilbao, 2012.

Seligman, Martin E. P., *Aprenda optimismo: Haga de la vida una experiencia gratificante*, Debolsillo, Barcelona, 2011.

Seligman, Martin E. P., *La auténtica felicidad*, Zeta Bolsillo, Barcelona, 2011.

Este libro se bautizó el 2 de febrero de 2016,
Día Internacional de la Optitud